上海市既有住宅适老化改造技术导则

68条要点

上海市住房和城乡建设管理委员会　主编

同濟大學出版社
TONGJI UNIVERSITY PRESS

前　言

对于老年人来说，家庭有着特殊而重要的意义。随着我国养老需求的急剧上升和社会对养老认识的逐步提高，居家养老已成为老年人首选的养老模式。为老年人创造宜居的生活环境，让老年人安心、舒适地享受晚年生活，已成为养老服务的重要目标。

为深入践行“人民城市人民建，人民城市为人民”的重要理念，切实解决人民群众“急难愁盼”的民生问题，更好地推进既有住宅适老化改造工作，帮助老年人在小区创造平坦可达的道路系统、清晰可辨的指示标识、明亮柔和的灯光环境、安全便捷的行动辅助系统，在家中营造布局合理的行动空间、舒适易用的家具家电、方便高效的智能化系统，上海市住房和城乡建设管理委员会组织编写了《上海市既有住宅适老化改造技术导则 68 条要点》，图文并茂地列出了老年人主要活动空间的适老化改造要点，并对小区环境、公共空间、套内空间、设备设施等方面的适老化改造措施进行了解读。

上海将通过不断完善老年宜居环境建设评价标准体系，进一步开展老年友好型城市、老年宜居社区、老年温馨家庭活动，促进社会和谐、社区和谐、家庭和谐，构建具有中国特色的养老服务体系。

编者

2021 年 6 月

目　录

前言 …… 5

小区环境 …… 8

（一）道路交通环境 …… 8

（二）停车场地 …… 11

（三）公共活动空间 …… 12

（四）绿化景观 …… 13

（五）室外照明 …… 14

（六）室外标识 …… 15

公共空间 …… 17

（一）住宅单元出入口 …… 17

（二）通道及走廊 …… 20

（三）楼梯 …… 21

（四）电梯及电梯厅 …… 22

套内空间 …………………………………… 23

（一）入户空间 …………………………………… 23

（二）起居厅 …………………………………… 24

（三）餐厅 …………………………………… 25

（四）卧室 …………………………………… 26

（五）厨房 …………………………………… 29

（六）卫生间 …………………………………… 32

（七）走道 …………………………………… 36

（八）阳台、露台 …………………………………… 37

设备设施 …………………………………… 39

小区环境

（一）道路交通环境

要点 1 小区设有方向指引标识

要点 2 道路可便捷地到达小区各区域

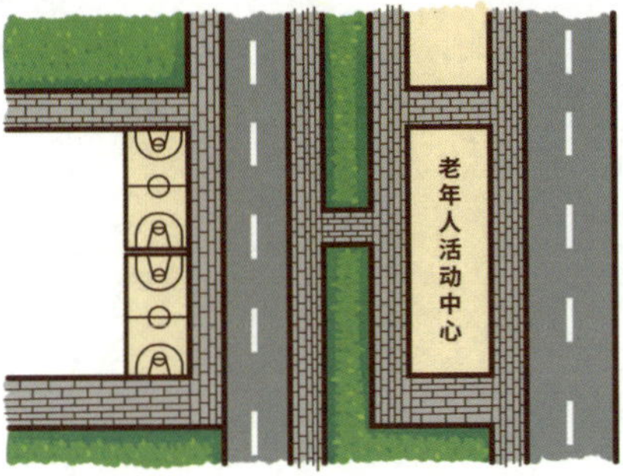

要点3 在出入口、交叉口和道路转弯处设置减速带、安全岛和明显的标识

要点4 步行地面保持平坦、无高差

要点5 在主要步行道路上设置雨篷、休息座椅

要点6 老年人主要活动场地要采用平整、防滑、耐磨的材料

（二）停车场地

要点 7 机动车停车位的布置要远离老年人活动区域

要点 8 非机动车停车位内应设置充电桩，方便老年人使用

（三）公共活动空间

要点9 公共活动场地的布置要注意避风遮阴，尽量靠近养老服务中心

要点10 公共活动空间要丰富多样，动静分区

（四）绿化景观

要点 11 小区绿化要做到有四季交替的景色

要点 12 景观小品要有可识别性，水池边加设护栏及安全警示标识

（五）室外照明

要点 13 做好照明设施的遮光、控光设计，避免产生眩光

要点 14 适当提高照度，高于平均照度标准 1.5~2 倍

（六）室外标识

要点 15 标识系统要保证完整、连续

要点 16 标识的位置要放在老年人日常活动的场所，导向清晰、易懂

要点17 标识的图案要清晰、字体适当放大

要点18 标识要便于识别，结合语音信息及智能化辅助措施，加强提示

公共空间

（一）住宅单元出入口

要点19 消除或减少出入口高差，确保日常使用安全

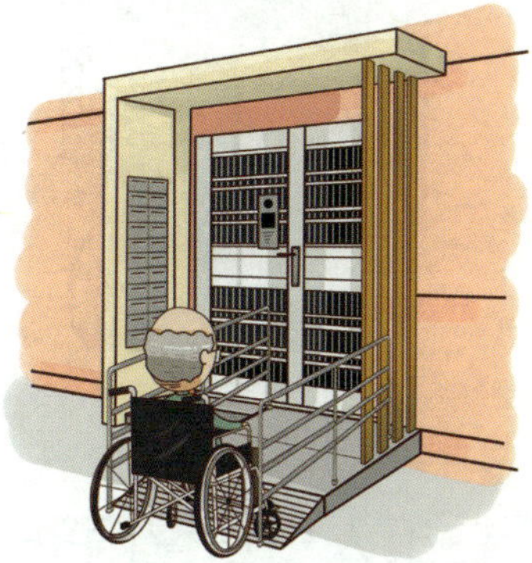

要点20 台阶和坡道增加识别性，并通过细部处理，防止老年人摔倒

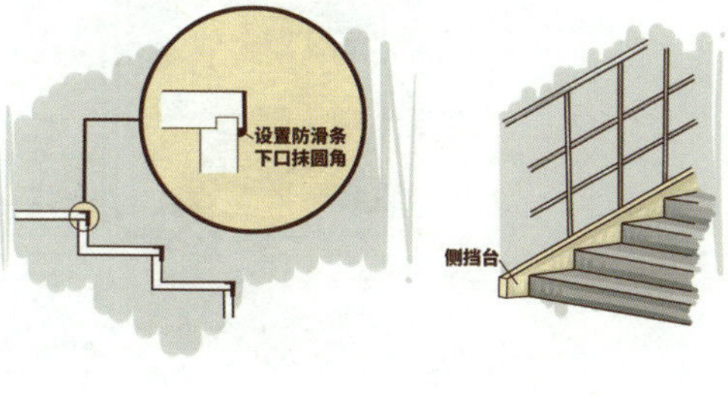

要点21 单元门尽量采用向外开启的平开门，宽度保证轮椅通行

要点22 在出入口设置雨篷

要点23 出入口标识鲜明，易于辨认

要点24 单元门设置安全监控设备终端和呼叫按钮，出入口设置公共交流空间或休息座凳

（二）通道及走廊

要点25 设置连续的扶手，方便撑扶

要点26 设置折叠座椅、信息报刊栏

要点 27 公共走道的灯光照度不小于 75 lx

（三）楼梯

要点 28 设置扶手，可随时撑扶，易于抓握，并设置黄色警示条等警示标志

要点29 休息平台处设置折叠椅

（四）电梯及电梯厅

要点30 电梯门开闭时间不小于 15 s，便于老年人从容进出

要点 31 电梯内设高 850 ～ 900 mm 的安全扶手，加设低位操作面板和按钮

套 内 空 间

（一）入户空间

要点 32 入户处增加换鞋、更衣、取放物品区域

要点33 入户门设置猫眼和智能锁

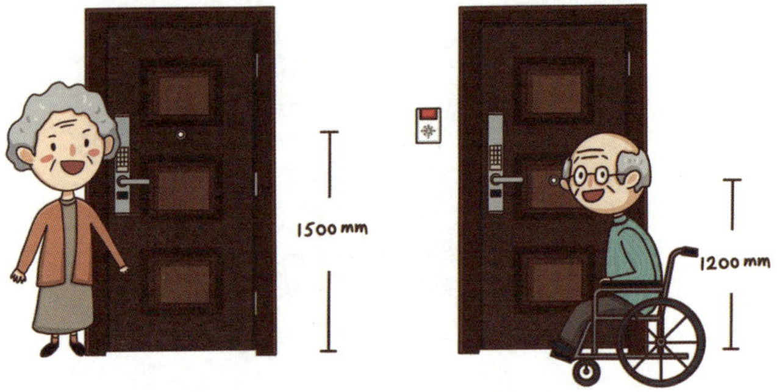

（二）起居厅

要点34 电视机柜高度要保持与老年人坐姿时的视线相平或略高

要点35 选用座面较硬的沙发，并配有助起扶手

（三）餐厅

要点36 餐厅与厨房之间要视线通畅，行走便捷

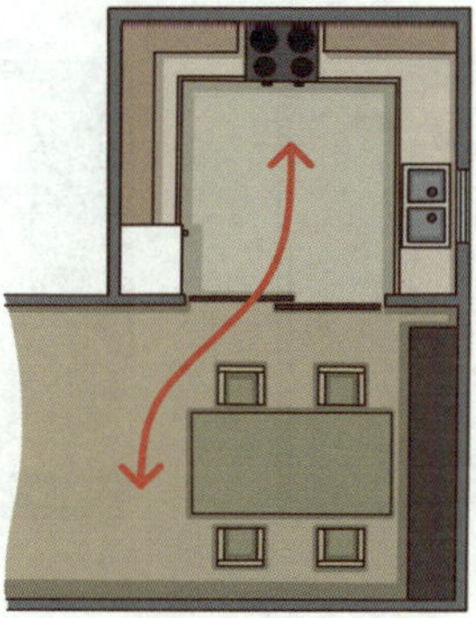

要点37 选用适老性的餐桌、餐椅，周边配有备餐柜或备餐台

（四）卧室

要点38 床的布置要满足老年人上下床或护理的需求

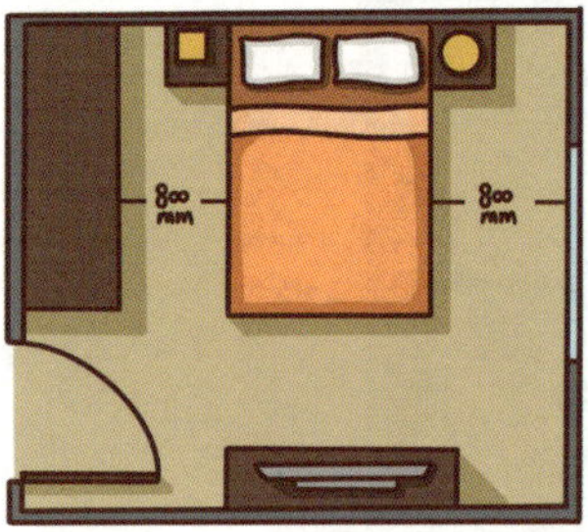

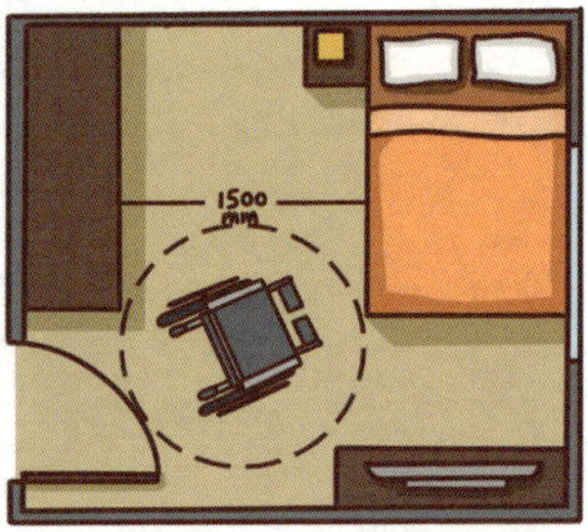

要点 39 床头设置紧急呼叫按钮

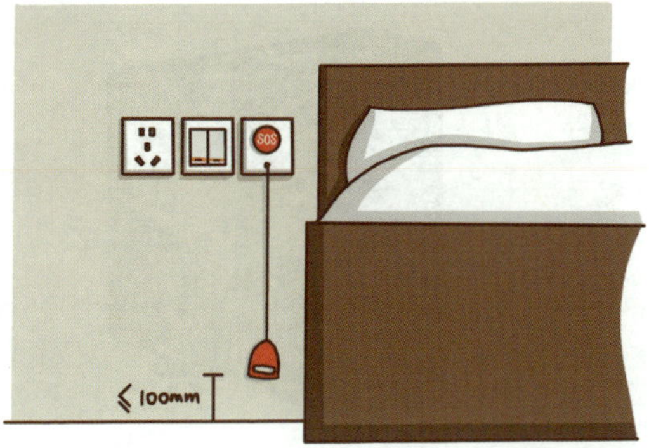

要点 40 采用多点控制的大按键面板开关，其中一处靠近床头

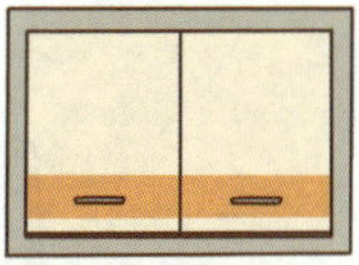

大按键面板开关

要点41 衣柜采用移门，储物空间合理分区，内设升降衣架

要点42 设置床边护栏或使用护理床，避免老年人意外跌落

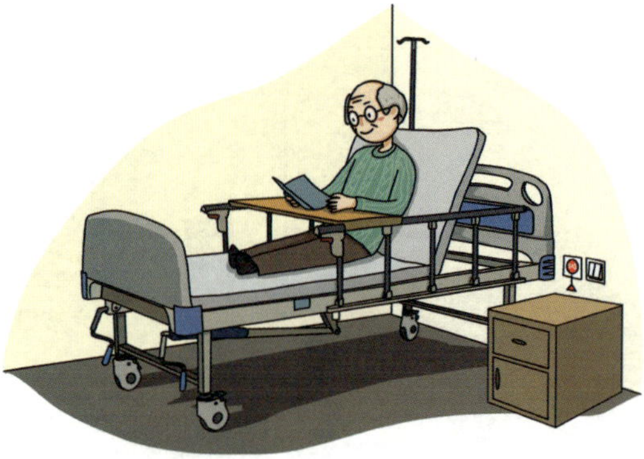

（五）厨房

要点43 厨房两侧操作台之间留有适宜通行和活动的空间

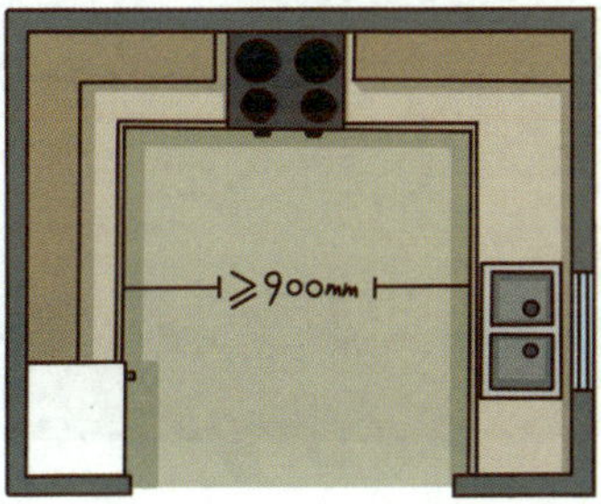

要点44 操作台尺度根据老年人身高和使用情况确定

要点45 厨房吊柜设置中柜

要点46 厨房门的宽度满足日常通行

要点47 采用拔杆式混水龙头

要点48 厨房内要安装燃气、烟雾、积水等报警设备

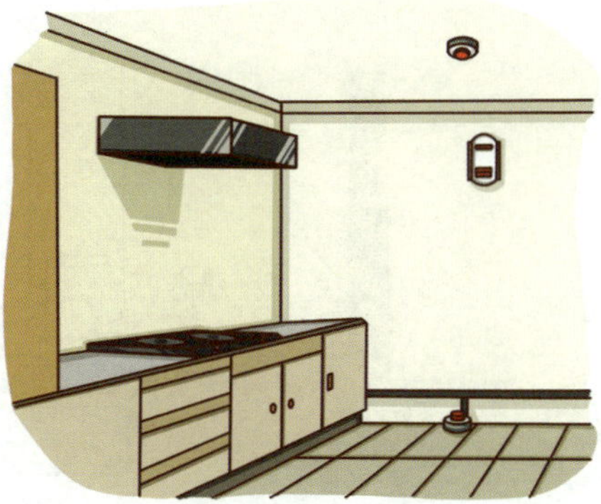

（六）卫生间

要点49 卫生间要干湿分离，采用防滑地砖

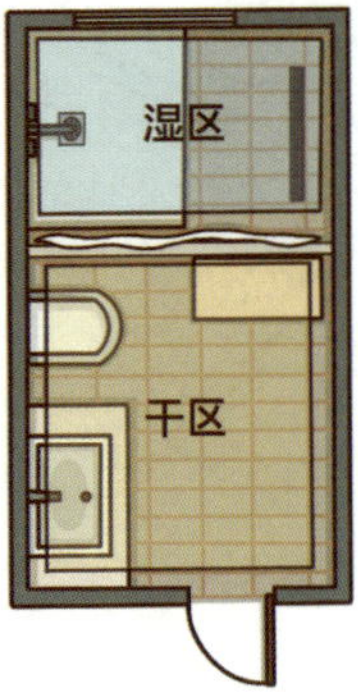

要点50 卫生间及入口处消除高差

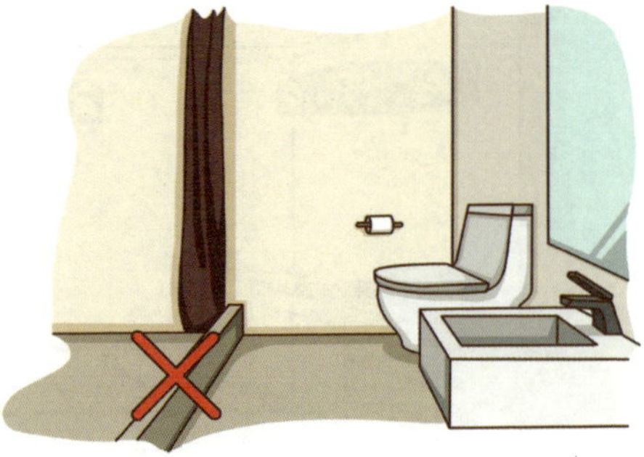

要点51 选择适合老年人的坐便器且装有扶手

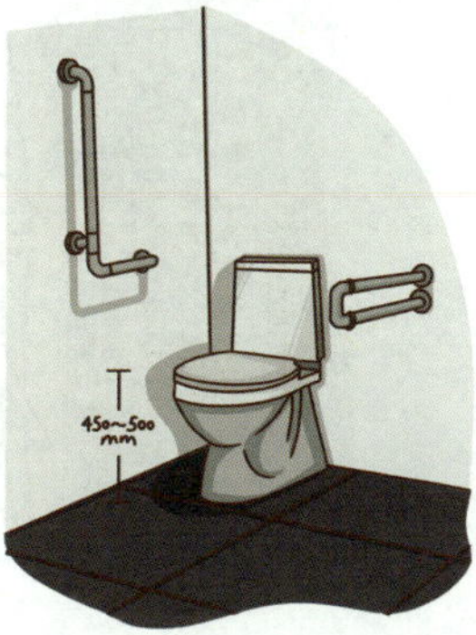

要点52 盥洗台下方要留空，选用横杆式毛巾架

要点53 洗浴首选淋浴，并在淋浴区域设置扶手

要点54 卫生间的门采用上导轨的推拉门或折叠门

要点55 淋浴区设置带有加热、排风和照明功能的采暖设施

要点56 报警呼叫系统设置在坐便器侧边、洗浴区附近

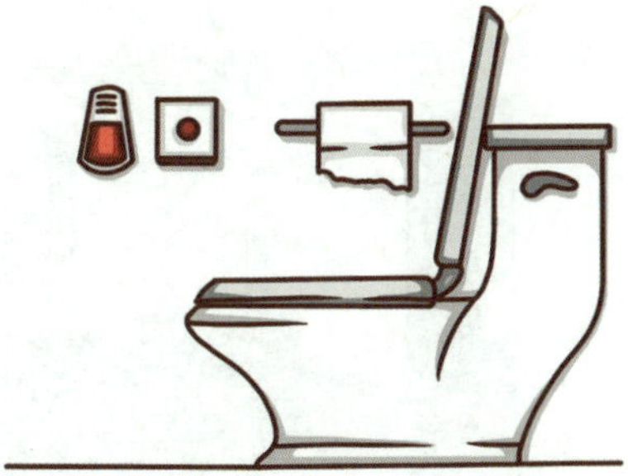

（七）走道

要点57 走道要有足够的通行宽度

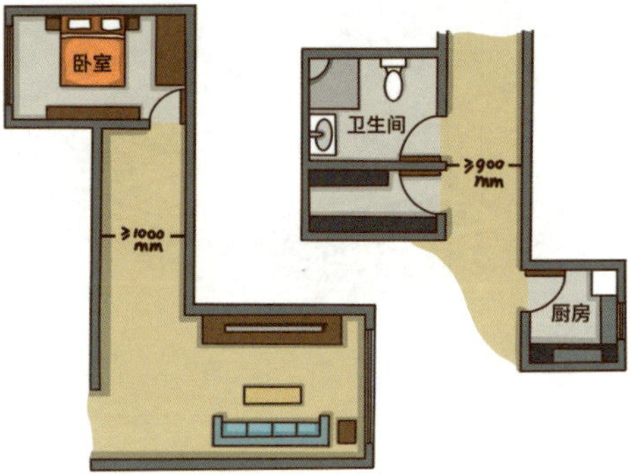

要点58 走道与其他房间地面应平滑衔接、无高差

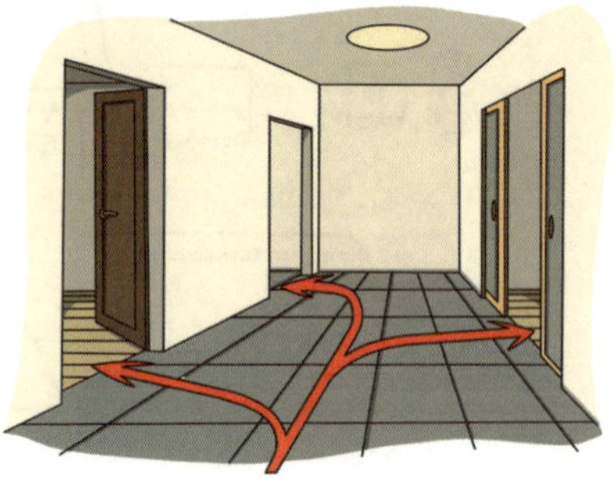

要点59 对于行走不便的老年人，可设置连续的扶手或兼具撑扶作用的家具

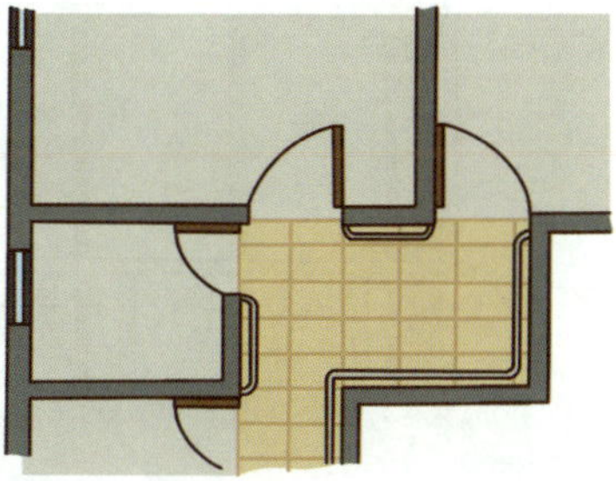

（八）阳台、露台

要点60 增加衣物洗涤、晾晒区域，并尽量靠近

要点61 落地玻璃窗要加设护栏

要点62 选用方便老年人操作的晾衣杆

设备设施

要点63 空调出风口不要设在正对老年人经常停留的位置

要点64 选用带开关的插座

要点65 报警及求助信号要反馈给应急联系人或相关部门

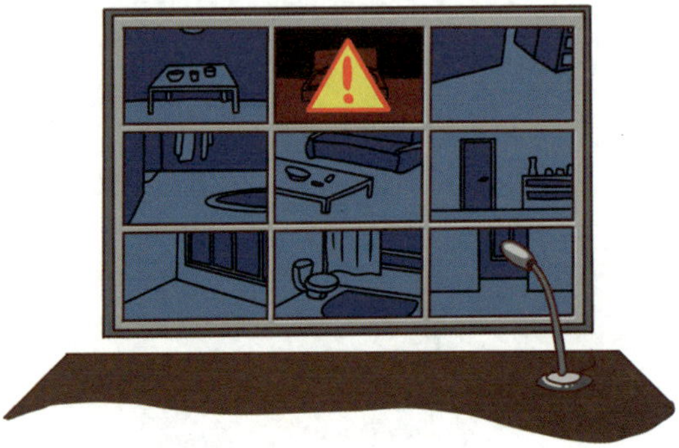

要点66 在老年人经常活动或容易摔倒的地方设置无线探测报警设施

要点67 通过智能化设施设备，对老年人的各项指标进行监测

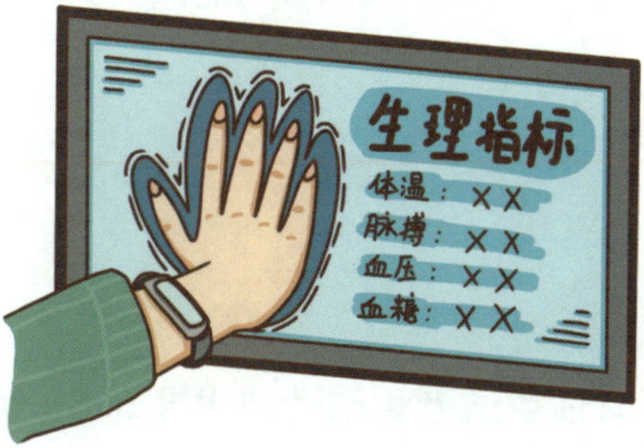

要点68 通过远程视频，为老年人提供诊断和服务

图书在版编目（CIP）数据

上海市既有住宅适老化改造技术导则 68 条要点 / 上海市住房和城乡建设管理委员会主编 . -- 上海 : 同济大学出版社 , 2021.9
ISBN 978-7-5608-9900-8

Ⅰ . ①上… Ⅱ . ①上… Ⅲ . ①城市—住宅建设—技术改造—上海 Ⅳ . ① F299.275.1

中国版本图书馆 CIP 数据核字 (2021) 第 186489 号

上海市既有住宅适老化改造技术导则 68 条要点

上海市住房和城乡建设管理委员会 主编

责任编辑 朱 勇
责任校对 徐春莲
装帧设计 张 微
插画设计 上海建科集团 · 建科文化传媒有限公司

出版发行 同济大学出版社 www.tongjipress.com.cn
（地址：上海市四平路 1239 号 邮编：200092 电话：021–65985622）
经 销 全国新华书店
印 刷 上海安枫印务有限公司
开 本 889mm×1194mm 1/32
印 张 1.375
字 数 37 000
版 次 2021 年 9 月第 1 版 2021 年 9 月第 1 次印刷
书 号 ISBN 978-7-5608-9900-8
定 价 20.00 元

本书若有印装问题，请向本社发行部调换